2. erweiterte Auflage

INHALT

THOMAS SCHÖNAUER | CULTIVATOR

Die Cultivator-Serie

Alles begann vor ein paar Jahren, als mich ein befreundetes Sammlerehepaar bat, für ihren von einem berühmten deutschen Landschaftsarchitekten in den Nachkriegsjahren angelegten einzigartigen Parkgarten eine Skulptur zu entwickeln.

Ich habe lange mit mir gerungen, kam dann aber zu der Überzeugung, dass diesem Ambiente ein Skulpturensolitär eher schadet, als zu einem harmonischen Ganzen im Sinne der Symbiose von Gartenkultur und Skulptur zusammenzuwachsen.

Alternativ kreierte ich dann eine Skulptur für den vor dem Haus liegenden Gartenbereich und konnte das Sammlerehepaar damit und davon überzeugen. In der Produktionsphase dieser Skulptur stellte ich mir dann aber die Frage, ob meine Meinung zur Unmöglichkeit der skulpturalen Bespielung des Parkgartens denn eigentlich stimme – und kam auf die Idee, eine horizontale Skulptur zu entwickeln, die der Topographie des Geländes folgte bzw. ihr zuwiderlief.

Für diese Edelstahl-Skulptur bediente ich mich der Linsenform, die ich bereits in der »Invader«-Serie als die ideale Form zur Verbindung von Raum und Fläche, also 3D und 2D, erkoren hatte. Ich verzichtete jedoch auf die Verbindung der Linsen-Volumen durch sichtbare Stegsysteme und verband die Linsen durch einen technischen Trick schweißtechnisch direkt miteinander, sodass ein kohärentes Ganzes entstand, das aber scheinbar keiner inneren »Ordnung« folgt – der »Cultivator« war geboren!

Wieso aber »Cultivator«? Als die fertige Skulptur da so vor meinem Team und mir im Atelier lag, erinnerte sie uns an ein landwirtschaftliches Gerät zum Aufbrechen des Bodens oder zur Glättung der Pflugfurche, an die Egge – und das englische Wort für Egge ist der »Cultivator«. Aber auch im deutschen Sprachgebrauch ist der »Kultivator« ein durchaus gängiger Begriff für ein landwirtschaftliches bzw. gartentechnisches Gerät.

Apropos Linsen – eine Linse besteht technisch gesehen aus zwei sogenannten gewölbten Scheibenhälften, die dann miteinander in der Mittelachse verschweißt werden. Diese gewölbten Scheiben bezog ich bereits für die »Invader-Serie« vom Siegener Unternehmen Jünger GmbH Bödenpresswerk, ein hochspezialisiertes Unternehmen zur Belieferung der Transport-, Getränke- und Chemieindustrie. Auf mein Drängen gegenüber den Mitarbeitern aus dem Vertrieb hin lernte ich unmittelbar nach Fertigstellung von »Cultivator I« den Inhaber der Firma Jünger kennen, Timo Franke – ein Glücksfall für die Weiterentwicklung der Serie.

Timo Franke hat rational schnell den Mehrwert für sein Produkt erkannt, wenn es sich bei der »Invader-Serie« in Kunst verwandelte. Wichtiger aber noch war und ist, dass er sich auf Anhieb in den »Cultivator I« verliebt und ihn sein Eigen genannt hat. Das mag romantisch klingen, bedeutet aber weit mehr, denn ab diesem Zeitpunkt kümmert sich Timo Franke höchstpersönlich voller Empathie um jedes einzelne Stück gewölbter Scheibe, was sehr unterschiedliche Wölbungsgrade und letzten Endes optimale Qualität bedeutet.

Inzwischen sind mit dem »Cultivator Roundabout« für Tepanje/Slowenien 25 »Cultivator«-Skulpturen entstanden, Modelle und Kleinformate wie die Edition für Proidee nicht mit eingerechnet. Die allermeisten befinden sich im Besitz von Sammlern zwischen San Francisco, São Paulo, Asien und Europa, die Weiterentwicklung der Serie hat bereits begonnen, es bleibt spannend!

CULTIVATOR-SERIE
TEIL 1

Cultivator 1
280 cm × 245 cm × 460 cm
Edelstahl geschliffen
private collection

Cultivator 2
310 cm × 245 cm × 360 cm
Edelstahl geschliffen
private collection

Cultivator 3
360 cm × 255 cm × 410 cm
Edelstahl geschliffen
private collection

Cultivator 4
645 cm × 270 cm × 290 cm
Edelstahl glasgestrahlt
Volksbank Rhein-Ruhr

Cultivator 5
115 cm × 95 cm × 145 cm
Edelstahl glasgestrahlt
private collection

Cultivator 6
225 cm × 95 cm × 120 cm
Edelstahl glasgestrahlt
private collection

Cultivator 8
95 cm × 22 cm × 26 cm
Edelstahl glasgestrahlt
private collection

Cultivator 7
141 cm × 100 cm × 187 cm
Edelstahl glasgestrahlt
Besitz des Künstlers

Cultivator 9
240 cm × 96 cm × 140 cm
Edelstahl geschliffen
private collection

Cultivator 12
125 cm × 165 cm × 134 cm
Edelstahl glasgestrahlt
private collection

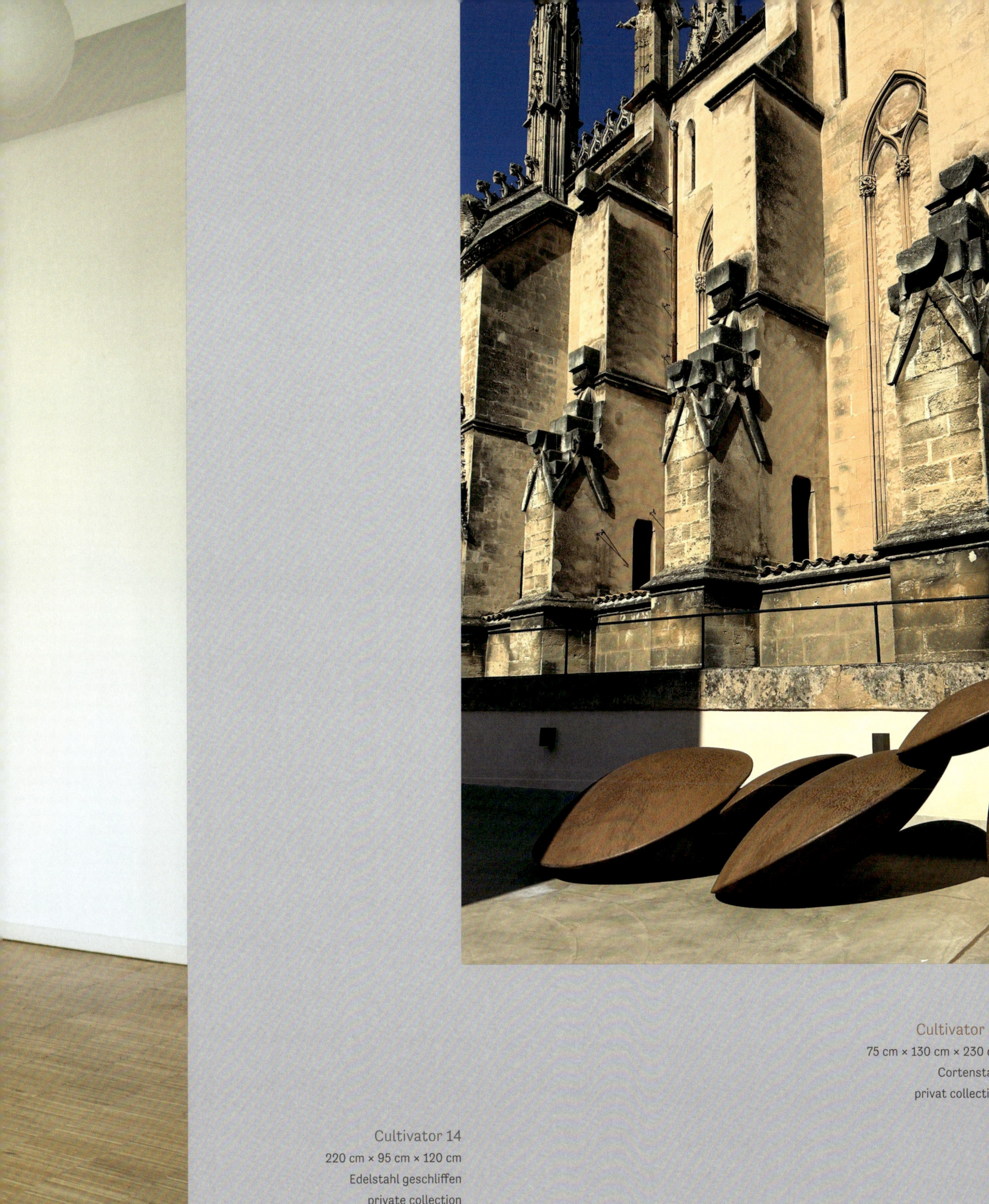

Cultivator 17
75 cm × 130 cm × 230 cm
Cortenstahl
privat collection

Cultivator 14
220 cm × 95 cm × 120 cm
Edelstahl geschliffen
private collection

CHRISTINA VON PLATE

CHRISTINA VON PLATE

Perspektivwechsel

»Break it up« sagte letztens Thomas Schönauer in einem gemeinsamen Gespräch, welches wir zum Thema Kunst im öffentlichen Raum führten. Dabei war schnell klar, dass es nicht um eine Aufforderung des Unterlassens von etwas Sinnlosem ging, sondern vielmehr um einen prägnanten Ausdruck, der die Intention und das künstlerische Anliegen Thomas Schönauers mit seiner »Cultivator«-Reihe auf den Punkt bringt.

Es geht um Aufbrechen, Entflechtung, Auflockern; darum, Kunst und damit auch den Kunstbegriff in einen anderen, erweiterten Zusammenhang zu bringen. Kunst soll nicht mehr isoliert wahrgenommen und interpretiert werden, sondern in ganzheitlicher Kohärenz stehen.

Dies schafft Thomas Schönauer mit seinen Werken, nicht nur im räumlichen, sondern auch im inhaltlichen Kontext. Die »Cultivators« entstehen aus einem Zusammenspiel einzelner linsenförmiger Scheiben, die anhand ästhetischer, statischer nicht zuletzt energetischer Gesichtspunkte erfasst und konzipiert werden. Unterschiedliche Größen, Winkel der Positionierungen und Verbindungsflächen der einzelnen Elemente bilden ein Kunstobjekt, das in Korrespondenz mit dem (Außen)Raum treten soll. Anordnung, Materialität und Beschaffenheit definieren ein skulpturales Spannungsgefüge, welches aus unterschiedlichen Perspektiven betrachtet mal scheinbar schwebende Leichtigkeit, mal monumentale Gestalt vermittelt.

Die Präsenz beider vom Betrachtenden visuell erfassten Richtungen, vereint in einem Kunstwerk, bestärken die Absicht des Künstlers: ein unvoreingenommenes Wahrnehmen, ein »auf sich Wirken lassen«, eine individuelle Erfahrbarkeit auslösen.

Es geht um die Idee, sich aus dem vom Menschen konstruierten Grundsatz der Linearität, der Eindimensionalität zu lösen und die Vielfalt unseres Seins und Schaffens – inspiriert von der organischen, ungleichmäßigen Struktur der Natur – zu erkennen. Schönauers »Cultivators« lassen Perspektivwechsel zu! Und zwar ganz ohne Beipackzettel und vermeintlicher Interpretationshilfe, lediglich die »Emotio« ist das auslösende Momentum der persönlichen Erfahrung und damit verbundenen individuellen geistigen Rückkopplung.

Nur so lassen sich Zusammenhänge neu interpretieren und neu denken.

Das Betrachten der Skulpturen können Sichtweisen, Empfindungen zur Veränderung bewirken, ohne dass es des großen Aufruhres bedarf.

Die »Cultivators« im Kontext des (Außen)Raums verbinden das zwingend notwendige Miteinander von Kultur und Natur, ermöglichen das Entstehen anderer Perspektiven, implizieren die Notwendigkeit des Aufbrechens – hin zur ganzheitlichen Wahrnehmung! »Break it up!«

CULTIVATOR-SERIE
TEIL 2

Cultivator 8A
104 cm × 95 cm × 251 cm
Edelstahl glasgestrahlt
Besitz des Künstlers

Cultivator 20
230 cm × 155 cm × 280 cm
Cortenstahl
private collection

Cultivator 16
210 cm × 265 cm × 460 cm
Edelstahl geschliffen
Besitz des Künstlers

Cultivator 9a
224 × 78 × 128 cm
Cortenstahl
private collection

Cultivator 15
325 cm × 75 cm × 117 cm
Cortenstahl
private collection

Cultivator 19
140 cm × 170 cm × 165 cm
Cortenstahl
private collection

Cultivator 22
110 cm × 82 cm × 145 cm
Edelstahl geschliffen
private collection

Cultivator 13
420 cm × 170 cm × 160 cm
Cortenstahl
private collection

Cultivator 23
305 cm × 295 cm × 455 cm
Edelstahl glasgestrahlt
Besitz des Künstlers

Cultivator 24
230 cm × 310 cm × 630 cm
Cortenstahl
private collection

Cultivator 25
3200 cm × 305 cm × 6700 cm
Edelstahl glasgestrahlt
private collection

HEINZ SCHUMACHER

HEINZ SCHUMACHER

Philosoph, Weltenbürger, Engineering-Artist und Unternehmer

Ist es im Regelfall nicht so: Man entdeckt eine Skulptur oder ein Gemälde, fühlt sich angesprochen und fängt an, sich für den Künstler zu interessieren. Mit Thomas Schönauer ist es mir anders ergangen.

Thomas lernte ich in einem Freundeskreis kennen, dem er irgendwann beitrat, einem Kreis, in dem man sich für den anderen interessiert und für das, was er beruflich macht, in dem man sich ferner über »Gott und die Welt« austauscht, in dem man sich aber auch in Hilfsprojekten tatkräftig engagiert.

Ich erinnere mich noch genau, bei welchem Anlass mir Thomas das erste Mal so richtig auffiel. Es wurde nicht über Kunst gesprochen, erst recht nicht über seine, vielmehr war von Sisyphos die Rede, der nach Homer dazu verurteilt war, unter großen Anstrengungen einen schweren Stein den Berg hoch zu wälzen, der ihm bei Erreichen des Gipfels aber entglitt, um dann wieder den Berg herabzurollen. Und so ging es dem armen Kerl tagein, tagaus. Kein Ende in Sicht.

Die Schinderei des Sisyphos steht daher nach Duden für eine sinnlose, vergebliche Anstrengung, eine schwere, nie ans Ziel führende Arbeit. Einleuchtend, oder?

Diese Geschichte kannte natürlich jeder am Tisch, und alle waren sich einig, dass es sich bei Sisyphos um ein bedauernswertes Individuum gehandelt haben musste, das Mitleid und Anteilnahme verdiente. Alle?

Nein, es war Thomas, der meinte, man könne sich diesen Sisyphos auch als glücklichen Menschen vorstellen. Denn Berge zu besiegen, sich Mühen auszusetzen, zu wissen, was am nächsten Tag zu tun

sei, könne auch als etwas sehr Erfüllendes betrachtet werden. Und dann schöpfte er aus dem Vollen. Er verwies beispielhaft auf Camus, der sich in einem Essay, aber auch in weiteren Werken mit dem Schicksal des Sisyphos befasst habe, wie überhaupt in Literatur und Kunst sehr verschiedene Deutungen dieses Mythos vorzufinden seien.

Die anderen am Tisch hörten sich das aufmerksam an und kamen ins Staunen. Sie hatten soeben Thomas Schönauer, den Philosophen, kennengelernt und wussten zu diesem Zeitpunkt noch nicht, dass sich diese Seite des Freundes künftig immer wieder offenbaren würde. Sie ahnten zugleich, dass der Dichter und Denker Gottfried von Straßburg, ein weniger bekannter Zeitgenosse von Walther von der Vogelweide, doch tatsächlich Recht gehabt haben könnte mit seiner inzwischen sprichwörtlich gewordenen Feststellung, ein scharfer Verstand könne durchaus mit künstlerischen Fähigkeiten harmonieren.

Von da an suchte ich das Gespräch mit Thomas, immer noch, bevor ich mich mit seiner Kunst näher beschäftigt hatte. Und dabei lernte ich eine weitere Seite dieses interessanten Menschen kennen, sprach man doch mit jemandem, der die Welt bereist hatte, und dies mit offenen Augen und mit größtem Interesse an den Kulturen, die er jeweils antraf, an den Menschen, denen er begegnete, ihren Lebensbedingungen, ihren Freuden und Sorgen, der aber auch bereits an ganz unterschiedlichen Plätzen auf dieser Erde für längere Zeit gelebt und gearbeitet hatte. Obwohl jetzt seit vielen Jahren mit Frau und Kindern in Düsseldorf sesshaft, ist er also ein Weltenbürger, der sich bei der Begegnung mit Fremdem nicht von negativen Vorurteilen leiten lässt, sondern diesen beherzt entgegentritt und sich einsetzt für Arme, Unterdrückte und Diskriminierte. Eine solche Haltung kann man mit Fug und Recht als Tugend bezeichnen, eine, die in der heutigen Zeit auch in unserem Land wieder besonders gefragt ist.

Eine besondere Beziehung hat Thomas Schönauer sicherlich zu Brasilien. Von dort stammt seine Ehefrau, dort wollte er sogar mit Familie dauerhaft leben, was sich aber letztlich wegen der Instabilität des Landes und den dadurch bedingten Unsicherheiten nicht umsetzen ließ. Mit seiner Familie und guten Freunden ist er dort aber nach wie vor sozial engagiert. Brasilien, seine Architektur und Kunst sind für ihn auch immer noch eine Inspiration für seine künstlerische Arbeit, und Brasilien ist für ihn zudem ein Land, in dem seine Kunstwerke hohe Wertschätzung genießen – bei Sammlern, in Galerien und Museen sowie im öffentlichen Raum.

Damit sind wir endlich bei seinem künstlerischen Schaffen angelangt, mehr noch bei Thomas, dem Künstler oder dem Engineering-Artist, wie er oft genannt wird, eine Bezeichnung, die er wohl akzeptiert, die aber meines Erachtens zu kurz greift, aber sicher eine, die Einiges zu tun hat mit der »Cultivator«-Reihe, die Gegenstand dieses Buches ist.

Warum Thomas die Reihe so bezeichnet, kann man nur erahnen. »Cultivator«, ursprünglich lateinisch, als Lehnwort im Englischen ebenso vorzufinden wie in der deutschen Sprache, steht für Grubber, Rechen. In meiner Kindheit benutzten wir einen solchen im elterlichen Garten; man konnte ihn von einem auf insgesamt sieben »Zähne« – wie mein Vater die Glieder bezeichnete – erweitern.

Vielleicht will Thomas Assoziationen wecken zu diesen Gartengeräten und dem, was sie bewirken, oder zu den größeren Maschinen gleichen Namens, die in der Landwirtschaft eingesetzt werden. Dass er an Churchills »Cultivator« No. 6 gedacht hätte, dürfte dahingegen auszuschließen sein. Dabei handelte es sich um ein 24 Meter langes und 130 Tonnen schweres Ungetüm, das zu Beginn des Zweiten Weltkrieges von der Royal Navy mit maßgeblicher Förderung von Churchill, seinerzeit Erster Lord der Admiralität, entwickelt wurde, um tiefe Gräben zu ziehen, in denen Soldaten und Gerät auf die feindlichen Linien vorrücken konnten, geschützt vor Gewehr- und Artilleriebeschuss.

Der Name der Reihe ist wohl auch nicht so wichtig. Vielleicht interessiert aber, was mich als Kunstliebhaber, nicht Kunstkenner, an den »Cultivators« fasziniert: Zum einen ist es der Eindruck der Leichtigkeit, den sie vermitteln, obwohl der Betrachter um die Schwere des verarbeiteten Materials weiß und auch erahnt, welcher konzeptionellen und konstruktiven Intelligenz sowie nicht zuletzt auch handwerklicher Perfektion es bedarf, um sie entstehen und so erscheinen zu lassen, zum anderen aber auch das Gefühl, dass jeder der »Cultivators« erst kreiert werden kann, wenn der Künstler weiß oder zumindest eine klare Vorstellung davon hat, wo genau die jeweilige Skulptur aufgestellt werden soll. Denn der »Cultivator« nimmt ganz klar Bezüge zu seiner Umgebung auf und stellt neue her. Für mich ist jeder von ihnen, obwohl zu einer Reihe gehörend, ein eigenständiges, unverwechselbares Kunstwerk und zudem in höchstem Maße ästhetisch.

Schließen möchte ich meine kurzen Anmerkungen zur Person aber nicht, ohne meinen großen Respekt vor dem Unternehmer Thomas Schönauer ausgedrückt zu haben. Er verkörpert nicht die Art von Künstler, der seine Werke typischerweise in der sicheren Erwartung fertigen kann, die Galerien würden es schon richten. Zumindest bei den »Cultivators« würde das mit Sicherheit nicht funktionieren. Hier bedarf es der Akquisition von Aufträgen und der zur Produktion erforderlichen Finanzmittel, ebenso häufig der Zusammenarbeit mit anerkannten Vertretern anderer Professionen wie beispielsweise Landschaftsarchitekten oder Stadtplanern.

Das kriegt nur hin, wer wie ein Unternehmer denkt und handelt, der bereit ist, ins Risiko zu gehen. Auch das macht Thomas in beeindruckender Weise.

Mit ihm freue ich mich über dieses Buch. Möge es viele aufmerksame Leser und Betrachter finden. Und möge Thomas Schönauer weiterhin der unermüdliche Sisyphos sein, der Erfüllung in seiner Arbeit findet.

Mettmann, im September 2022

FEITO NO BRASIL

BRASILIEN

2017 ist die erste »Cultivator«-Skulptur entstanden. Eigentlich aus »Zufall«, wie man meinem Vorwort entnehmen kann, und weder mein Team, noch ich selbst, haben an den Erfolg gedacht, den die »Cultivator«-Serie inzwischen feiern kann. Mit »Cultivator 1« gewann ich auf Anhieb den Schweizer Skulpturenpreis, danach waren wir umso motivierter und haben mit großem Eifer und genauso großer Freude fleißig produziert.

Inzwischen kultivieren ca. 40 vornehmlich größere »Cultivator« die internationale Kunstlandschaft, wobei sich ein besonderer Schwerpunkt neben Deutschland auf der anderen Seite des Atlantiks und südlich des Äquators entwickelt hat: Brasilien. Das passiert natürlich nicht durch Zufall, sondern ist der intensiven Zusammenarbeit mit einer der führenden lateinamerikanischen Galerien zu verdanken, der DAN Galeria aus São Paulo.

Und natürlich deren Netzwerk, wo an allererster Stelle das Logistikunternehmen TTI-Log mit seinem Inhaber Ronaldo de Almeida zu erwähnen ist. Das mag hier in diesem »zweiten« Vorwort zu erwähnen eigenartig anmuten, aber Logistik und vor allem Import-Logistik, ist in Brasilien das Maß der Dinge.

Zudem haben wir in der Peripherie São Paulos, in Sorocaba, inzwischen ein großartiges Team zur Endproduktion meiner Skulpturen aufstellen können, was zum einen den Logistikaufwand deutlich vereinfacht, zum anderen den Identifikationsfaktor für den brasilianischen Sammlermarkt nicht unerheblich erhöht: »Cultivador fabricado no Brasil!«

Cultivator 26
240 cm × 345 cm × 885 cm
Cortenstahl
private collection

Cultivator 11
110 cm × 170 cm × 225 cm
Edelstahl glasgestrahlt
private collection

Cultivator 6
225 cm × 95 cm × 129 cm
Edelstahl glasgestrahlt
private collection

Cultivator 18
115 cm × 116 cm × 215 cm
Cortenstahl
private collection

Cultivator 27
375 cm × Ø 217 cm
Cortenstahl
private collection

Entwurf
Cultivator Ibirapuera
780 cm × 340 cm × 210 cm
Edelstahl geschliffen

Werkstattimpressionen Brasilien –
trotz harter Arbeit und großer Hitze die
allgegenwärtige »alegria brasileira«

Werkstattimpressionen Brasilien – die aus Siegen gelieferten
gewölbten Scheiben mutieren zum »Cultivator 26«

Moodbilder von der Kunstmesse SP Arte 2024
im Biennale-Pavillon von Oscar Niemeyer

Diverse Modelle und Simulationen für brasilianische Sammler –
work in progress

CULTIVATOR 25

CULTIVATOR 25

Anfang des Jahres 2022 erhielt ich einen Anruf von Joachim Fuhrmann. Der mir bis dahin unbekannte Unternehmer und begeisterte wie erfahrene Kunstsammler handelte im Vertrauen und Auftrag seines Freundes Peter Ofentavsek, ebenfalls kunstaffiner Unternehmer. Gegenstand des Anrufs: Peter Ofentavsek suchte für die skulpturale Gestaltung eines neu entstandenen Kreisverkehrs in seiner slowenischen Heimatgemeinde Tepanje den geeigneten Bildhauer.

Es versteht sich von selbst, dass dies kein Blindanruf war, sondern beide Freunde hatten die europäische Bildhauerszene ziemlich genau gescannt, wer für eine solch anspruchsvolle Aufgabe der »Richtige« sei – denn Zeugnisse von Skulptur-Katastrophen auf Roundabouts gibt es schließlich zu genüge.

Und in der Tat hatte ich mich bereits mehrfach mit dem Thema beschäftigt und sogar eine ganz eigene Skulpturen-Reihe entwickelt, die »Skyfalls«. Denn Kreisverkehre sind eigentlich Unorte, keiner betritt sie, nur autofahrende Mitmenschen nehmen sich zwangsläufig ein paar Sekunden Zeit, dem Objekt auf dem Platz einen Blick zuzuwerfen. Also kann eine Skulptur nur aus dem Himmel auf den Unort fallen, was sie in ihrer konzeptionellen Identität auch zeigen sollte.

Doch die Skyfall-Serie war abgeschlossen, seit über zwei Jahren beschäftige ich mich mit den »Cultivator«-Skulpturen. Ich schlug Herrn Fuhrmann vor, mit mir gemeinsam meine noch laufende »Cultivator«-Ausstellung in den Gärten des berühmten Schloss Dyck zu besuchen, was er tat

und offenbar die Überzeugung festigte, dass man mich um einen Entwurf, eine Idee für den Platz in Tepanje bitten möge.

Auf der Grundlage von zahlreichen aussagestarken Fotos machte ich mich an die Arbeit und entwickelte einen »Cultivator«, der sich im Gegensatz zu den aus dem Himmel fallenden »Skyfalls« aus dem Boden des Unorts schraubt und um die eigene Achse dreht. Das alleine ist ja schon eine Kreisverkehr spezifische Dynamik, die Folge von aneinander und ineinander zu verschmelzen scheinenden Kreissystemen der Linsen-Volumen verstärkt diese Bewegungs-Charakteristik ungemein.

Mein Entwurf überzeugte das beauftragende Team um Peter Ofentavsek und nach unkomplizierten Etatverhandlungen erhielt ich sowohl die Beauftragung zur Fertigung und Lieferung der Skulptur »Cultivator 25«, als auch zur Entwicklung einer Gestaltungsidee der Platzoberfläche. Zu Letzterem ziehe ich selbstverständlich immer meinen engen Freund und weltweit be- und anerkannten Landschaftsarchitekten Andreas Kipar und sein Team hinzu, so auch in diesem Falle.

Doch Ende Februar überfiel, wie wir alle wissen, und ich benutze diese Wortwahl sehr bewusst, der Verbrecher Putin sein Nachbarland Ukraine – was zufolge hatte, dass sich in wenigen Tagen unter anderem die Preise für Edelstahl, aus dem »Cultivator 25« gefertigt werden sollte, mehr als vervierfachten. Das Projekt schien zu scheitern.

Wie wir wissen ist Netzwerk alles, Empathie noch viel mehr. Thomas Anstots, »President Business Lines Advanced Materials« von Outokumpu, einem der führenden Edelstahlhersteller weltweit, nahm sich des Projekts an und rettete die Realisierung durch eine sehr faire Preisgestaltung – zudem reagierte die Auftraggeberseite ebenfalls flexibel.

Von da an begann ein wunderbar dynamischer Prozess der Realisierung. Denn Idee, konkreter Entwurf und Auftrag durch den Initiator sind eine Sache, die technische Umsetzung eine ganz andere. Hier kommt das kleine, aber feine Stahlbauunternehmen MTW (für Metallbau Thomas Wolf, Loburg) ins Spiel, mit dem ich bereits einige nicht ganz unkomplizierte Projekte realisieren konnte. Thomas Wolf und sein kongenialer Meister Holger Westendorf haben von Beginn an mit viel Verve für eine optimale Umsetzung von der Zeichnung bis zur fertigen Skulptur gesorgt.

Die Reisen zwischen Düsseldorf, Tepanje und Loburg in Sachsen-Anhalt hören sich aufwändig an, sind aber letzten Endes Teil eines empathischen Ganzen, ohne das ein solch ambitioniertes Projekt nicht funktionieren kann. Meine morgendlichen schnellen Autofahrten nach Loburg, die seitens MTW bestens vorbereiteten Projektgespräche mit Fragen und Lösungsvorschlägen, das Feedback zum gesamten per Fotodokumentation transparent gemachten Prozess aus Tepanje, all das ist Teil des Ergebnisses, das heute von der Idee zur materialisierten Skulptur geworden ist.

Am 10./11. Oktober 2022 haben wir mit vereinten Kräften »Cultivator 25« in Tepanje aufgebaut und danach in kleiner, aber nicht umso weniger ambitionierten Runde gefeiert.

Mein Dank gilt allen voran Petra, Peter Jr. und Peter Ofentavsek, Gorazd Vezjak, Joachim Fuhrmann, Thomas Wolf, Holger Westendorf, Andreas Kipar, Thomas Anstots, Timo Franke und vielen anderen in den jeweiligen Teams. Und den vielen Bürgern und Besuchern von Tepanje, die »Cultivator 25« bereits klatschend, hupend, filmend und zum Teil mehrfach mit dem Auto umkreisend in Empfang genommen haben!

Nach der Idee kommt der Entwurf. Nach einem Grobmodell aus Pappe geht mein Digitalexperte an die Schaffung eines 3-D-Modells, das den von mir gesetzten Maßstäben entspricht.

Step 2

Das sehr erfahrene Team von LAND um Andreas Kipar bedient sich nun des 3-D-Modells und visualisiert am Rechner die genaue Position der Skulptur und die Oberfläche des Platzes.

Step 3

Die Landschafts- und
Fundamentbauer brauchen für
ihre Arbeiten 2-D-Schnitte und
Lagepläne, die ebenfalls bei LAND
erstellt werden.

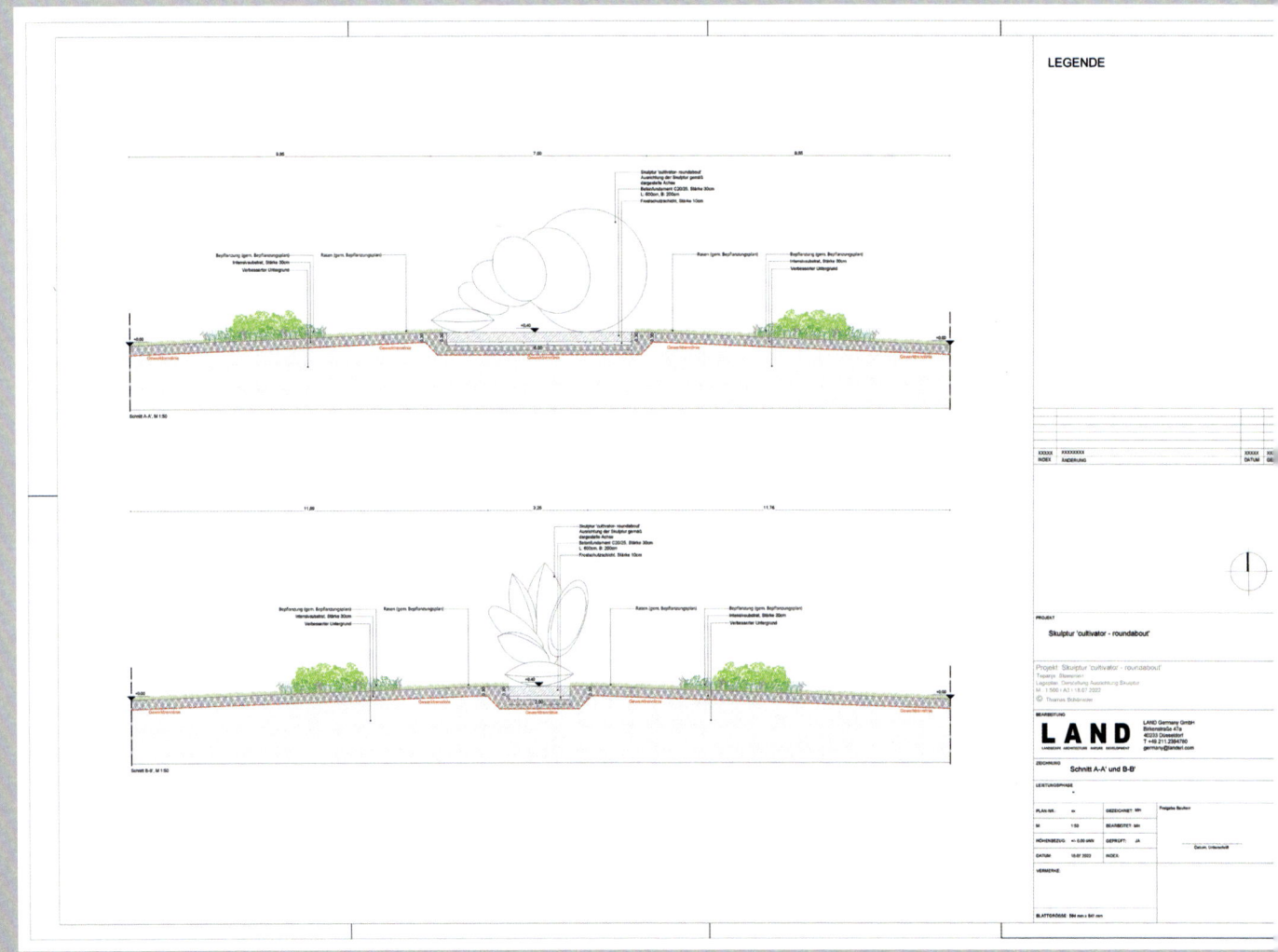

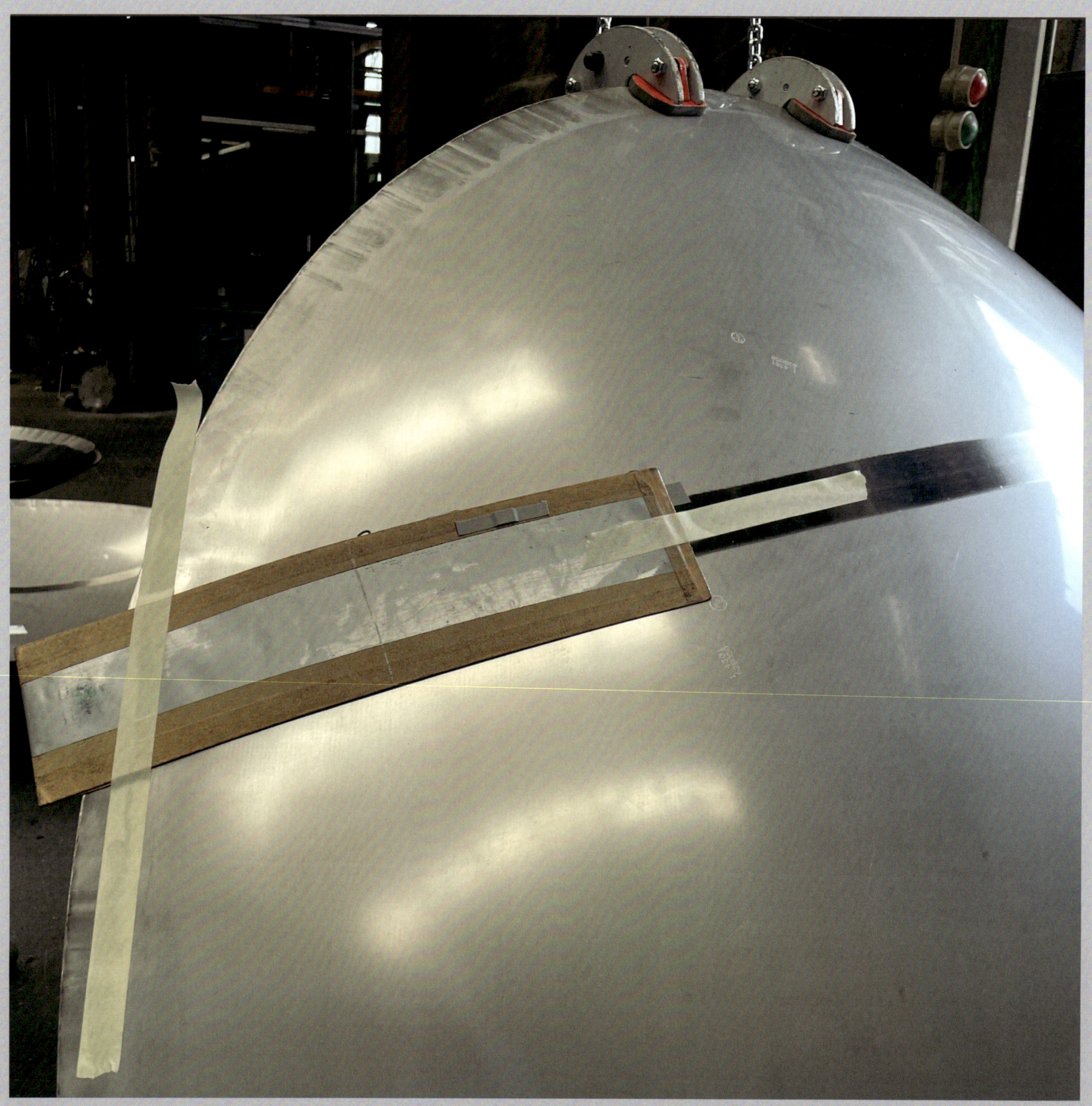

Step 4

Nach der Lieferung der Flachbleche von Outokumpu in den maximalen Breiten von 200 cm werden die ersten Tests durchgeführt. Die Bleche werden auf die notwendigen Maße zusammengeschweißt, dann in ersten Prozessen kalt gewölbt, darauf folgt das sorgfältige Röntgen der Schweißnähte.

Step 5

Für den Laien klingt das unverständlich, aber jede neue Charge auch derselben Legierung verhält sich unterschiedlich, weshalb Tests und Röntgenprozesse vonnöten sind.

Step 6

Nach dem Verschweißen, Schleifen und Röntgen widmen sich die Spezialisten dann wieder dem langsamen, kalten Prozess des Wölbens, was nichts anderes als ein Treiben des Materials ist. Ähnlich wie beim Goldschmied, nur in einem anderen Maßstab.

Step 7

Bei den extrem tiefen Wölbungen, die wir bei »*Cultivator 25*« zum Teil erzielen wollen, bildet sich am Rand eine Welle. Diese wird dann millimetergenau weggebrannt, denn die beiden Hälften der Linse müssen schließlich passgenau aufeinander verschweißt werden. Der Chef selbst überwacht den Prozess!

Step 8

Von Siegen nach Loburg in Sachsen-Anhalt. Die Firma MTW mit dem Meister Holger Westendorf nimmt alles in Augenschein und beginnt ihr spannendes Werk. In diesem Falle nicht nach einem maßstäblichen Modell, sondern sorgfältig vermaßten Zeichnungen.

Step 9

Die richtige Zuordnung ist alles. Aber Holger Westendorf ist extrem erfahren und prüft lieber zweimal, bevor er einem zeitraubenden und damit auch teuren Irrtum erliegt.

Step 10

Wohl ausgeklügelt – das sind die Verbindungselemente, die in die gewölbten Halbscheiben zur verschraubbaren Verbindung eingeschweißt werden. Je mehr Löcher, umso mehr Kombinationsmöglichkeiten zur Findung der besten Position.

Step 11

Die Nahaufnahme zeigt es und der Kennerblick weiß sofort, dass die Verbindungselemente mit genügend »Luft« zum tiefen Verschweißen eingepasst worden sind. Diese Schweißnähte halten die gesamten Zug- und Druck-kräfte sowohl beim Transport, als auch bei unterschiedlichen Wetter-lagen nach der Montage aus.

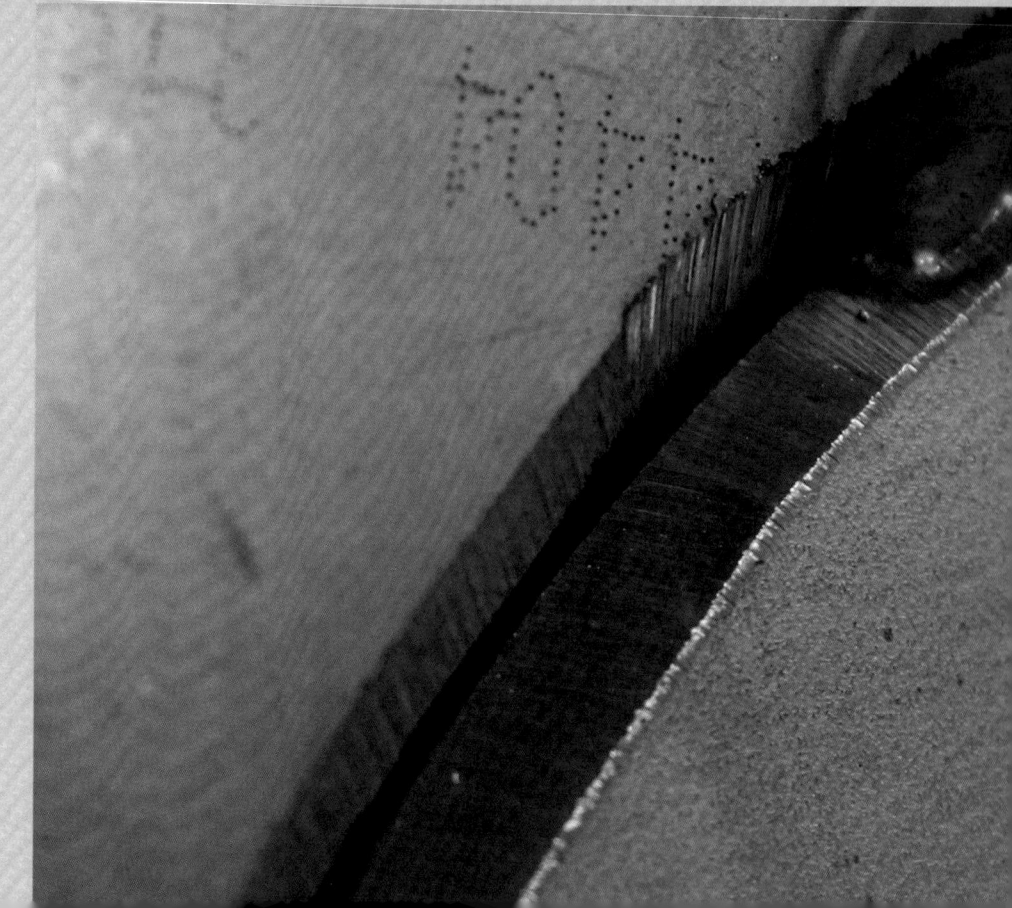

Step 12

»Cultivator 25« ist konstruktiv fertiggestellt. Die dünnen Stützprofile dienen nur der Transportsicherung zum nächsten Arbeitsprozess, nämlich dem Glasstrahlen.

Fest verzurrt und mit einer schweren Folie gegen Wind, Wetter und Steinschlag geschützt, erwartet *»Cultivator 25«* auf einem Spezialtieflader den ca. 1000 km langen Transport von Loburg nach Tepanje.

Step 14

Der Ort des Geschehens in Tepanje. Die Vorbereitungsarbeiten für die Stromversorgung zu Beleuchtung der Skulptur und der Entwässerung bei Starkregen werden getroffen. Und natürlich werden die Fundamente gefertigt.

Step 15

Nun wird die Platzoberfläche entsprechend der Angaben von LAND weitestgehend hergestellt.
Wichtig ist die leichte konvexe Spannung und die Wahl der ortsüblichen Natursteine.

Step 16

Die transportgesicherte und -verpackte Skulptur ist von MTW in Sachsen-Anhalt auf dem Werksgelände von Oplast in Tepanje angekommen.

Step 17

»*Cultivator 25*« muss gut im Kran hängen, was man mit Ruhe beim Verladen auf den Transporter zur »Baustelle« feinjustieren kann. Denn ein möglichst waagerechtes Aufkommen ist unbedingte Voraussetzung für die richtige Positionierung der Skulptur auf dem Fundament.

Step 18

Die Skulptur ist ausgerichtet, die Transportsicherungen können entfernt werden und das Verbohren auf die Fundamentplatten kann beginnen.

Step 19

Die Neugierde steigt – beim »Entblättern« der Skulptur sind alle Hände gefragt, auch meine ...

Ein anstrengender Tag geht erfolgreich zu Ende – ein Gruppenbild mit Petra und Peter Jr. Ofentavsek und am folgenden Morgen strahlt »Cultivator 25« im Morgentau ...

ATELIER-TREFF

ATELIER-TREFF

Am 11.11.2022 trafen sich Thomas Anstots,
»President Business Lines Advanced Materials«
von Outokumpu, Timo Franke, Inhaber und
Geschäftsführer von Jünger GmbH Bödenpresswerk und Thomas Schönauer in seinem Atelier
in Ratingen bei Düsseldorf.

Das Treffen hatte vor allem den Sinn, sich persönlich
kennenzulernen und über zukünftige Kooperationen
auszutauschen. Es entwickelte sich im Laufe von
eineinhalb Stunden ein freundschaftliches Gespräch
natürlich über den die drei verbindenden Werkstoff
Edelstahl, das sogenannte Geschäftliche, über die
bereits begonnene und nun vereinbarte Fortführung
von gemeinsamen kommunikativen Maßnahmen und
über »Gott und die Welt«. Die Fotos sprechen ihre
eigene Sprache über die Atmosphäre ...

Anstots: »Wir sind aktuell in dem Prozess, der Marke Outukumpu einen neuen Glanz zu geben und eine größere Wahrnehmung zu erlangen. Da macht eine Kooperation mit einem so bekannten Künstler wie Ihnen sehr viel Sinn.«

Schönauer: »Jede neue Skulptur ist immer auch ein Stück weit ein eigenes Baby. Es ist ein Identifikationsprozess, dernatürlich die Lieferanten der Materialien und die Menschen und die Umstände, in denen sie diese weiterverarbeiten, mit einschließt. Für mich zumindest macht auch das den Spirit einer Skulptur aus!«

Anstots: »Der Werkstoff Edelstahl ist auch in ökologischer Hinsicht unterschätzt. Natürlich emittiert die Produktion CO_2, das Recyclingpotential liegt jedoch bei ca. 95% und ist damit vielen anderen Produkten weit voraus. Zumal die Lebensdauer des Produkts selbst gegen unendlich geht, wenn man mal vom Anwendungskontext absieht.«

Franke: »Für ein hoch spezialisiertes, überschaubar großes Familienunternehmen wie dem unsrigen ist die Lieferverlässlichkeit gerade in Krisenzeiten von existentieller Bedeutung.«

Schönauer:

»Für einen Bildhauer, der mit
Edelstahl arbeitet, kann es keine
idealere Situation geben, als in
sämtlichen Sonderwünschen und
-anforderungen bezüglich des
Materials, aber auch der Weiter-
bearbeitung bis hin zur Ober-
flächengestaltung eine Entspre-
chung zu finden.«

Franke: »Gewölbte Scheiben aus Edelstahl begleiten jeden Menschen tagtäglich, aber sie werden in ihrer Bedeutung nicht wahrgenommen. Kein Flüssiggütertransport, keine Bier-, keine Weinproduktion, keine Medikamente und kein Gramm Schokolade ohne die Verwendung von gewölbten Scheiben. Da muss erst einmal ein Schönauer kommen, der unser Produkt aus der Anonymität holt und ihm neues Leben einhaucht *(lacht)*.«

KOOPERATION THOMAS SCHÖNAUER - JÜNGER GMBH BÖDENPRESSWERK

KOOPERATION JÜNGER GMBH BÖDENPRESSSE

Vom Halbzeug zur Skulptur

Der Besuch des JÜNGER GmbH Bödenpresswerks ist eine Reise in die Zeitlosigkeit. Das Siegerland ist seit Jahrhunderten ein Zentrum der metallverarbeitenden Zunft und im Gegensatz zu den stahlproduzierenden Regionen wie dem Ruhrgebiet scheint hier das metallische Herz stärker zu pochen denn je. Produktionsstätten und Werkshallen reihen sich hier wie die Perlen an der Kette entlang der Sieg.

Betritt man die zentrale Produktionshalle von JÜNGER GmbH, ist der erste starke Eindruck die Verschmelzung von Mensch und Maschine. Industrie 4.0 oder gar AI werden hier so schnell nicht die Oberhand gewinnen, zu stark ist der Prozess vom gelieferten Rohblech bis zum getriebenen oder gepressten Endprodukt von den Erfahrungen der Mitarbeiter im Umgang mit Metall und Maschine abhängig.

Es ist ein Irrglaube anzunehmen, ein Knopfdruck genüge und die riesigen Kümpelpressen machten mit über 400 Tonnen Druck ihren Job. Trotz zertifizierter Legierung hat kein geliefertes Rohblech die identischen Eigenschaften wie ein anderes. Hier sind Gefühl, unglaublich viel Erfahrung der Mitarbeiter und technische Innovation am richtigen Ort gefragt, um den millimetergenauen Anforderungen der Kunden aus Transport, Chemie- und Getränkeindustrie zu genügen.

Die angelieferten Edelstahl-, Aluminium- und Kupferbleche werden in eigens modifizierten Schweißverfahren zu den notwendigen Formaten verschweißt, die für die max. 4.500 mm Durchmesser großen Böden aus der umfangreichen Produktpalette von JÜNGER GmbH vonnöten sind. Dann beginnen direkt die Bördel- und Pressprozesse, und je nach Kundenwunsch werden die Böden geschliffen oder poliert.

Es kann nur begeistern zu sehen, mit welcher Akribie jeder einzelne Mitarbeiter den Produktionsschritt, den er gerade vollzieht, nach vorn bringt.

Und sehr häufig findet man den »Chef«, Timo Franke, der mit seiner Schwester Anja das 111 Jahre alte und immer wieder neue Unternehmen in vierter Generation leitet, inmitten seiner Mitarbeiter. Den ihm eigenen Elan und Perfektionswillen überträgt er fühlbar auf seine Mannschaft in Produktion, Vertrieb und Verwaltung, der er somit auch eine Menge abverlangen kann.

Zum Teil auf Spezialtrucks verlassen die Präzisionsprodukte schließlich nach der Endkontrolle das Werksgelände in Richtung der regionalen, überregionalen und internationalen Kundschaft – und nicht ganz selten in das Atelier des Düsseldorfer Künstlers Thomas Schönauer.

Seit einigen Jahren beschäftigt sich Thomas Schönauer in seinen Werkgruppen »*Invader*« und »*Cultivator*« mit der Grundform der Linse, dem volumenschaffenden Idealtypus in der Verbindung von Scheibe und Kugel. Der Linse obliegt in Thomas Schönauers Wahrnehmung eine maskuline Strenge und eine feminine Weichheit zugleich. Für einen Bildhauer wie Thomas Schönauer, der in seinem großen bildhauerischen Œuvre nie auf den vorgefundenen »rechten Winkel« oder definierten Radius zurückgegriffen, sondern immer die polygone Freiform entwickelt hat, ist die Verwendung von Linsen zu einem plastischen Gesamtwerk eine besondere Herausforderung.

Schönauers formgebender Einfluss auf sein »Tool« ist begrenzt, auch wenn die Firma JÜNGER GmbH das eben Machbare aus den unterschiedlich dicken Edelstahlscheiben herauskitzelt: Wölbungsgrad und Durchmesser sind die Parameter. Und genau darin liegt der besondere Reiz, die Erscheinung des einzelnen »Tools« der Gesamtgestalt unterzuordnen.

Thomas Schönauer hat in einem Ateliergespräch einmal gesagt, dass dieser Schaffensprozess für ihn fast eine politische Dimension besitze: Aus begrenzten Parametern eine höchst unterschiedliche Individualität zu schaffen ist wie die Umkehrung gesellschaftlicher Prozesse, wo unendlich viele Individuen ein diszipliniertes, organisiertes, zugleich Individualität förderndes Gesellschaftsgefüge bilden (müssen).

Der Weg von der ins große Atelier Schönauers gelieferten gewölbten Scheibe zur plastischen Gesamtgestalt ist kraftraubend und setzt den handwerklich geprägten Prozess zur Schaffung der Scheiben bis hin zur Entstehung der Skulptur kongruent fort. Und folgt natürlich einem klar definierten Plan, bestehend aus 3-D-Modellen und/oder 2-D-Zeichnungen des Künstlers.

Die ersten beiden präzise aufeinanderpassenden Scheiben werden von Schönauer und seinem Team zur ersten Linse verschweißt und der Oberfläche wird ein ganz besonderes Schliffbild verliehen. Dann wird die nächste Scheibe zentimetergenau, dem Modell folgend und noch einmal aus jeder Perspektive überprüft, auf der fertigen Linse positioniert, ein 30 cm Durchmesser großer Kreis wird herausgeschnitten und dann mit der Linse fest verschweißt.

So entsteht Schritt für Schritt und Stück für Stück die Gesamtform, die durch zunehmendes Gewicht in ihrem Handling immer anspruchsvoller wird. Ohne Kräne und Gabelstapler geht da nichts, wenn es heißt, die letzte Schweißnaht zu verschleifen und den Oberflächenschliff zu gewährleisten; viel Knowhow und Erfahrung sind Voraussetzung.

Zu den rein formgebenden Überlegungen hat sich Schönauer im Vorfeld natürlich auch Gedanken über die Statik der Skulptur, ihre Standstatik und Transportfähigkeit machen müssen. All das zusammen definiert das plastische Endprodukt und folgt der allen Skulpturen Schönauers innewohnenden Kraft: der endlos scheinenden Dynamik und der dem objektiven Gewicht der Skulptur widerstrebenden Leichtigkeit.

Das JÜNGER GmbH Bödenpresswerk und der Künstler Thomas Schönauer bilden eine spür- und sichtbare Synergie: Die für jeden einzelnen Produktionsschritt aufgewendete und ihm eingehauchte Energie verleiht den »Tools« und der fertigen Skulptur ihre Strahlkraft.

Ralph Richters große Fähigkeit, sich in handwerklich-industrielle Prozesse einzufühlen, und sein großartiges photographisches Auge bilden die dritte Energie, die jedem haptischen Werk und seiner Visualisierung innewohnt.

ANDREAS KIPAR – FREUND UND BÜNDNISPARTNER

ANDREAS KIPAR

FREUND UND BÜNDNISPARTNER
Die Natur, die Kunst und der öffentliche Raum

Wir erleben eine Epoche, in der Natur endgültig in den Mittelpunkt planerischen und gestalterischen Denkens rückt. Nur durch Nutzung natürlicher Merkmale und Prozesse können in unseren Städten wie in ländlichen Räumen die sozio-ökologischen und die kulturellen Herausforderungen der Gegenwart gemeistert und planerisch Wege in die Zukunft gelegt werden. Zu diesen Herausforderungen gehören neben anderen Themen auch Klimawandel, Energiesicherheit, menschliche Gesundheit oder Stärkung der biologischen Vielfalt. Zugleich gehört ein respektvoller Umgang mit dem kulturellen Erbe dazu. Es geht darum, produktive Landschaften zu erschließen und zu kultivieren, in denen Menschen sich in ihren sozialen und kulturellen Räumen aufgehoben und mit Natur verbunden fühlen. In diesem epochalen Transformationsprozess kann die Kunst im öffentlichen Raum, viel zu oft als Dekor unterschätzt, eine aktive Rolle spielen – und der Künstler den Platz eines Bündnispartners übernehmen.

Für mich als Stadtplaner und Landschaftsarchitekt ist Thomas Schönauer als Künstler wie als Vordenker solch ein Bündnispartner. Die freie, an keine Zwecke gebundene Kreativität der Kunst, wie sie in seinen »Cultivator«-Skulpturen zum Ausdruck kommt, und die planerische Erforschung und Entwicklung landschaftlicher Räume sind zwei Seiten derselben Medaille. Aus dem Kontext frei entwickeltes Kreativsein und der ergebnisorientierte Wille zur Veränderung finden in der Kultivierung urbaner Landschaften zusammen und fördern Lebensqualität.

Notwendig ist es, in urbanen Landschaften Energiepunkte zu besetzen. Mithilfe einer gleichsam kulturellen Akupunktur kann so die Dynamik der von durch Natur entwickelten Freiräumen deutlich gemacht werden. Stadträume sind saniert und funktionalisiert worden, jetzt ist es an der Zeit, dass sie entrationalisiert und über Natur emotionalisiert werden. »Cultivator«-Skulpturen von Thomas Schönauer, die an solchen Chakra-Punkten emotional wirken, bringen Energie in die Stadt, die wir zu ihrer Entwicklung dringend benötigen. Während Natur die Rolle eines Moderators der Entwicklung urbaner Landschaften spielt, übernimmt Kunst so die eines Kommunikators, der die Transformation kraftvoll im öffentlichen Bewusstsein verankert und sichert.

Ich habe Thomas Schönauer bei der Zusammenarbeit am Luthergarten in Wittenberg kennengelernt. Ihm gelang es, der Parkanlage mit seinem Himmelskreuz ein Zentrum zu geben, sie gleichsam zu erden wie zu überhöhen. Er hat ein Kunstwerk der Gegenwart geschaffen, das zugleich zeitlose Modernität ausdrückt. Über das innovative Denken, das ihn als Künstler prägt, fand ich einen gleichgesinnten Partner und Freund. Innovationen, die auch in seiner Epoxidharz-Malerei ein entscheidender Faktor sind. Anders als bei den notwendig exakt geplanten Skulpturen testen sie ein Potenzial aus, bleiben bei allem Kunstwollen offen. Der Kulturwissenschaftler David Behning hat das einmal so ausgedrückt: »Es offenbart sich eine Welt voller (vielleicht nur scheinbarer)

Wechselwirkungen, Zusammenhänge und Verflechtungen, zu komplex und reich an Formen
und Farben, zu vielfältig und feingliedrig, um
ihrer ganz gewahr zu werden.« Ist das nicht eine
Welt, die sich auch in der Natur wiederfindet?
Ist nicht ebenso Landschaft voller Wechselwirkungen, Zusammenhänge und Verflechtungen zu
vielfältig und feingliedrig, um ihrer ganz gewahr
zu werden? Und bleibt die Natur im Prozess der
Zeit, in der sie langsam wächst und sich ver-
ändert, nicht letztendlich offen, neue Einflüsse
aufzunehmen und zu verarbeiten?

Ziel ist es, Orte für eine teilende Gesellschaft und
ein starkes Miteinander zu schaffen. Es geht um
einen Aufbruch in eine neue Zeit, in der wir gerade
mithilfe der Kunst, wie sie uns Thomas Schönauer
zur Verfügung stellt, Brücken in ein neues Denken
schlagen, um wieder Teil der Natur werden, die
wir zu lange als Fremdes verachtet hatten.

Andreas Kipar, Landschaftsarchitekt &
Stadtplaner, CEO und Gründer der Gruppe LAND,
Düsseldorf, Lugano, Milano

PROJEKTENTWICKLUNG

PROJEKTENTWICKLUNG

Projektentwicklungen können höchst unterschiedlichen Initialzündungen unterliegen. Sie entstehen zuweilen sprichwörtlich über Nacht, ein vergessen gegangener Gedanke, vielleicht durch einen Traum reaktiviert, schmiedet sich zu einem Gedankenensemble, wodurch durchaus ein Projekt entstehen kann.

Doch Halt – wie definiere ich denn eigentlich »Projekt«? Ein Projekt kann der Beginn eines ganz neuen Zyklus sein, sei es Skulptur oder sei es Malerei, das Bearbeiten eines großen selbst oder von außen gestellten Aufgabenbereichs oder schlicht und einfach die Herausforderung, für einen bestimmten »Genius Loci« ein Painting oder eine Skulptur zu entwickeln.

Ich mache alles sehr gerne, letzteres allerdings am Liebsten. Und darauf, fokussiert auf die aktuelle Skulpturenserie »*Cultivator*«, möchte ich mich in diesem Kapitel mit einigen Beispielen und diesen Worten konzentrieren. Projektentwicklungen oder -lösungen gestellter Aufgaben ergeben sich in den seltensten Fällen im Atelier. Die Ideen, wie bereits angedeutet, sprudeln im Schlaf, beim Fahrradfahren, Wandern oder wobei auch immer.

Und dann muss es meist auch schnell gehen, um die Wucht der Initialidee und der darauf entwickelten Gedanken durch nichts abschwellen zu lassen – und manchmal verbrennt man sich dabei auch die Finger ...

Projektentwicklungen und -lösungen im Zusammenhang von internationalen Wettbewerben sind dann schon etwas zähere Prozesse, wie das in diesem Kapitel gewählte Beispiel des Wettbewerbs zur Schaffung einer Skulptur für das MRCC in Wiesbaden zeigen soll. Auch wenn hier wie immer eine Initialidee die Richtung vorgibt, dann sind doch große Abstimmungsprozesse im Team so erforderlich wie fruchtbar. In allen Fragen des städtebaulichen/landschaftsarchitektonischen Kontexts ist mein gesetzter Partner Andreas Kipar mit seinem Team von LAND, so auch im Falle des RMCC.

Bei der Arbeit mit dem Heißkleber war ich leider etwas übereifrig – an den Fingern Verbrennungen 3. Grades

In einem langen Telefonat mit Andreas Kipar haben wir die Entwicklung einer Großskulptur im neuen MINT-Universitätskomplex im ehemaligen EXPO-Gelände in Mailand erörtert. Gesagt, getan: In unserem Tiroler Refugium habe ich dann über die Weihnachtstage ein Grundmodell aus Pappe zusammengeschnitten und -geklebt. Die Skulptur nimmt das zur EXPO gestaltgebende Sonnendach über die gesamte Magistrale wieder auf ...

Vorstudien zu »*Cultivator 25*«
auch erst einmal aus Pappe,
ebenfalls entstanden über
Nacht in unserem Tiroler
Refugium.

Bei einem so anspruchsvollen Wettbewerb wie dem der Skulptur für das RMCC ist natürlich der erste Schritt das Besichtigen und Erfühlen der Schwingungen des Genus Loci. Andreas Kipar und ich »ticken« da sehr ähnlich – wenn die Energien am Ort nicht stimmen, dann lässt man besser die Finger vom Projekt.

Manchmal entsteht die grundsätzliche Idee auch ganz einfach nur durch einen Blick auf das vorhandene Modellmaterial. Auch im Falle des RMCC war das durchaus hilfreich.

Und dann kann es auch ganz schnell gehen – aus den Ideen werden materialisierte maßstäbliche Modelle.

Das Metallmodell ist ein Teil des Präsentations-pakets, dient aber für die Planvisualisierungen auch unseren 3-D-Experten als Vorlage für die Simulationen.

Cultivator - RMCC

Perspektive Friedrich-Ebert-Allee

Perspektive RMCC

Piktogramm Kultur trifft Natur

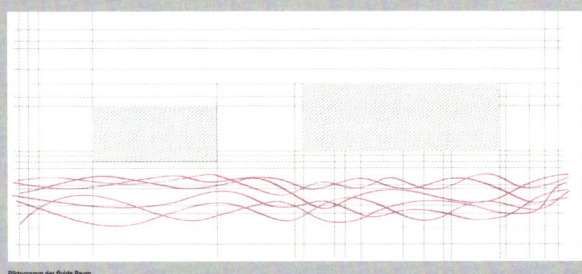

Piktogramm der fluide Raum

Die Lage im Raum – Kultur trifft Natur

Der umliegende Raum des Rhein-Main-Congress Centrum ist durch eine starke Linearität geprägt. Sowohl die umliegenden Baukörper mit ihren vertikalen Kolonnadenstrukturen, als auch der Straßenraum der Friedrich-Ebert-Allee vermitteln einen linearen und stringenten Character. Diesen Ort der Transition bildet den Kulturraum vor dem RMCC. Die vorhandenen Rasengevierte prägen, gemeinsam mit den Bestandsgehölzen einen Gegensatz zu diesem klaren, sachlichen Raum indem sie die Natur in diesen Raum einfließen lassen. Durch die Setzung des „Cultivator', der durch seine nichtlineare Struktur mit dem linearen Raum bricht und trotzdem als Kunstobjekt ein Element der Kultur darstellt entsteht eine Verbindung zwischen diesen beiden, bisher getrennten Räumen – die Verbindung von Kultur und Natur.

Diese Verwandlung von linearen in nichtlineare Strukturen steht gleichwertig für die aktuelle Zeit der Transformation, in welcher wir aus dem linearen Denken hin zu einem nichtlinearen Denken kommen müssen, in welchem Achtsamkeit und Aufmerksamkeit von größerer Bedeutung sind – Pandemie und der neue Krieg in Europa sprechen für sich. Die kultivierende Struktur, die den linearen Raum bricht, lenkt die Aufmerksamkeit auf sich und stellt neue Beziehung zwischen den einzelnen Elementen im Raum dar.

Durch die Setzung der Skulptur in die Rasenflächen werden in deren unmittelbarer Umgebung ruderale Flächen entstehen, die Sukzessionsprozessen unterliegen werden. Die Mischung aus Gräsern und Wildkräutern verstärkt den Bezug zur Natur zusätzlich.

Die Skulptur – „Cultivator – RMCC'

Die mehrteilige Skulptur „Cultivator – RMCC' bezieht in ihrer horizontal gestreckten Ausrichtung eine eindeutige Haltung zu der vertikalen Struktur nicht nur des Kultur-bildenden Kolonnaden vor RMCC, sondern auch des gegenüberliegenden Teils der Friedrich-Ebert-Allee liegt. Damit stellt die Skulptur einen entscheidenden städtebaulichen Kontext her.

Dennoch besteht kein Zweifel, dass der vornehmliche und starke Bezug zwischen der Skulptur und dem RMCC besteht. Dieses Verhältnis zueinander lässt einen an die berühmten „Vibrationsbilder' Jesús Raffael Sotos denken, deren Vorder- und Hintergründe das Szenario, obwohl statisch, sich durch das vorbeistreifende Auge des Betrachters in Bewegung setzen.

Ähnlich verhält es sich bei der Inszenierung der Skulptur vor der strengen Vertikalität und Rechtwinkligkeit der Fassade des RMCC, der dynamische Character jedoch wird durch die Formensprache der Skulptur selbst noch einmal verstärkt. Denn die Skulptur kennt scheinbar keine Ordnung, keinen „rechten Winkel' und scheint zudem in Teilen die gravitativen Gesetze zu respirieren.

„Cultivator – RMCC' ist zum einen eine Komposition aus elliptischen Körpern, Linsen, in sehr unterschiedlichen Durchmessern und Wölbungsgraden, in verschiedenen Neigungswinkeln zueinander mitainander zu einer gefügt sich widerstrebenden Einheit verschmelzt. Der zweite Teil der Skulptur ist eine in wenigen Metern Abstand liegenden mächtigen Halblinse, die, so scheint es, mit der anderen Hälfte unter der Vegetationskante liegt und diese ingleichd aufbricht. Das gesamte Szenario vermittelt Bruch und Aufbruch, und das soll es auch. Die Dynamik ist tief im Boden zu spüren.

Materialität und Statik

Die Bruch- und Aufbruchhaltung setzt sich konsequenterweise sowohl in der Materialität der Skulptur, als auch in der Beschaffenheit die die Skulptur unmittelbar umgebenden Biotops fort. Das unsere Skulpturen-Installation beheimatende aufgestörte Tableau wird in den Bereichen um die Skulptur herum keine Rasenfläche mehr, sondern ein Gefüge aus Gräsern, Wildkräutern und sorgfältig selektierten und angeordnet unterschiedlichen Steinen sein.

„Cultivator – RMCC' ist aus „wetterfestem Baustahl' oder auch Corten-Stahl gefertigt. Corten-Stahl schließt sich durch sein eigenes Oxyd („Rost') vor der Durchrostung ab. Die Werkblätter zur Stahlhersteller geben einen Verlust von 3 μ/Jahr an, was für die Skulptur bei beabsichtigter Verwendung von 6mm dicken Material bedeutungslos ist. Der Rostcharakter der Skulptur steht im Kontrast zur „Clearheit' des gesamten Umfeldes und nimmt nach insofern die Haltung des Bruchs-/Aufbruchs und ganz bestimmt nicht des Dekors ein.

Die Gesamtskulptur hat folgende Abmessungen: 14m lang, 3,4m breit und 3,2m hoch. Sämtliche Kosten (Statik, Herstellung, Transport, Aufbau und Honorar) liegen innerhalb des zu Verfügung stehenden Budgets. Wartungskosten fallen neben dem ohnehin vorhandenen geringpflegerischen Aufwand nicht an. Die Skulptur standsicher konstruierbar, die Lasten auf die bestehende Decke werden die Verkehrslast von $q = 5,00 kN/m^2$ nicht überschreiten.

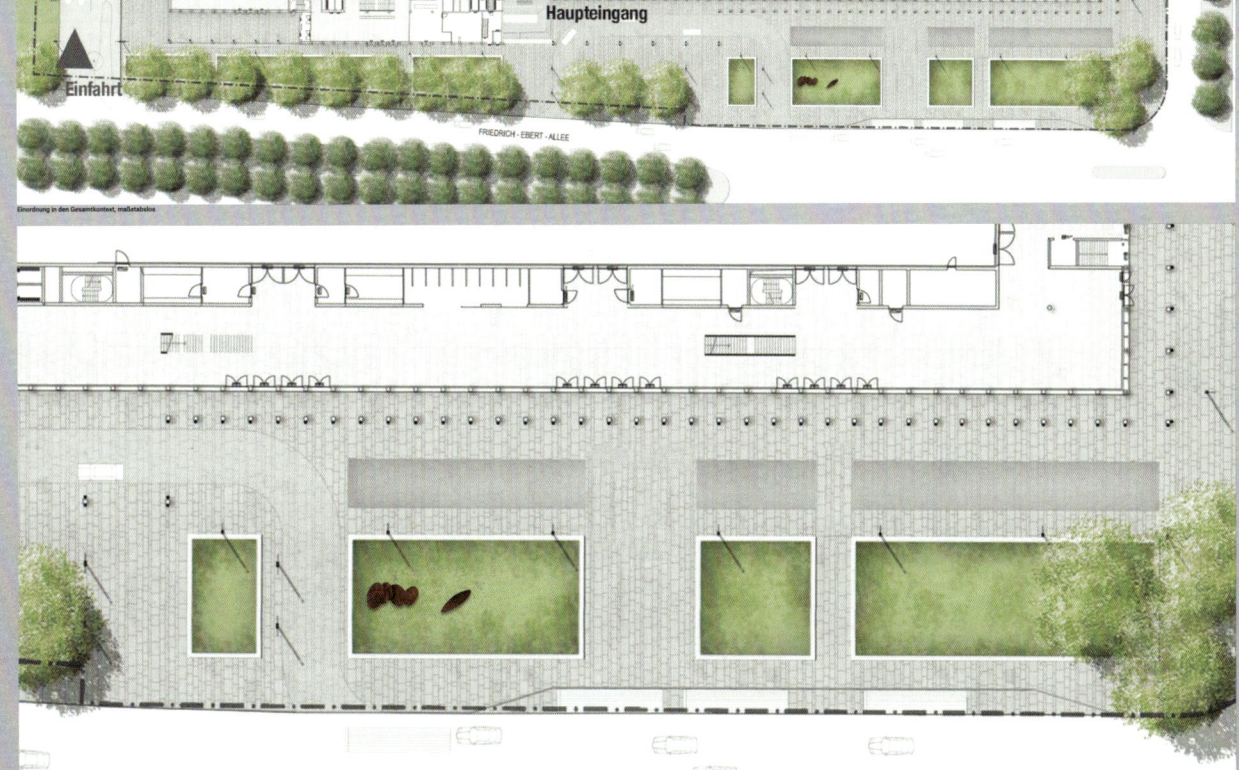

Einordnung in den Gesamtkontext, maßstabslos

Einordnung in den Raum, maßstabslos

Am Ende steht dann noch ein gesamter Präsentations- plan, der die Skulptur in das gesamte städtebauliche und architektonische Gefüge einordnet und zu erklären versucht. Die gesamte Visualisierung ist der Job des Teams von LAND.

IMPRESSUM

IMPRESSUM

Imprint

© Barton Verlag, Weilerswist-Metternich 2024
2. erweiterte Auflage
www.barton-verlag.de

Satz: Castenow GmbH, Düsseldorf
Druck: Beltz Grafische Betriebe GmbH, Bad Langensalza

Bibliografische Information der Deutschen Nationalbibliothek
Die Deutsche Nationalbibliothek verzeichnet diese Publikation
in der Deutschen Nationalbibliografie; detaillierte bibliografische
Daten sind im Internet über http://dnb.ddb.de abrufbar.

Fotos/ Photographs

Cover	Thomas Schönauer
S. 6	Anne-Marie von Sarosdy
S. 8/9	Anne-Marie von Sarosdy
S. 12/13	Thomas Schönauer
S. 14/15	Thomas Schönauer
S. 16/17/18/19	Thomas Schönauer
S. 20/21/22/23	Karsten Enderlein Photography
S. 24/25	Thomas Schönauer
S. 26/27	Markus Schwer Photography

Besonderer Dank an/
Special thanks to

Besonderer Dank an ...

... alle Autorinnen und Autoren der Buchbeiträge, an Christina von Plate, Heinz Schumacher und Andreas Kipar, das Team von Castenow GmbH, die an diesem Buch mitgewirkt haben, insbesondere Lisa-Marie Mohr, Anja Hogrebe, Ricardo Scheller und Dieter Castenow und den Fotographen, die in den Foto-Credits genannt sind.

... alle, die an den Realisierungen der »Cultivator«-Serie wie auch immer beteiligt waren und sind:

Alexandra und João Abreu, André Paetzel, Andrea Bindmann, Andreas Kipar, Andreas von Stedman, Anja + Timo Franke, Beate Düsterberg, Benjamin Küsters, Bernd Reimer, Bruno Braun, Carin Jansen, Carsten Soltau, Claudia de Bruyn, Claudia Fischer, Claudio Golombek, Cleusa Garfinkel, Corinna Neunzig, Cristiane Gebran, Cristina Delanhesi, Daniel Janzen, David Behning, Dinda, Ehepaar Soellner, Elisabeth und Lothar Blattner, Fábio Magalhães, Fernanda Cajado, Flavio, Ulisses und Peter Cohn, Frank Dopheide, Giuseppe Saitta, Guido Kerkhoff, Hans Eissing, Heinrich Roderhoff, Hendrik Henschel, Holger Westendorf, Israel Júnior, Jane und Jürgen Schröder, Joachim Fuhrmann, Jutta und Frank Leukers, Jutta und Johannes Dickel, Kátia d'Avillez, Klaus Neumann, Luli Hunt, Manfred Semmer, Marc Schmidt, Marc Scholten, Marcel Pesla, Marina und Fernando Nobre, Markus Mertens, Meik Haßlberger, Michael Schmidt-Ott, Michaela und Josef Rentmeister, Olaf Huth, Olavo Setubal, Oliver Reuter, Peter Jr. und Peter Ofentavsek, Petra, Renata Malina Pfeffer, Roberto Setubal, Ronaldo de Almeida, Rosalie und Claudio Haddad, Sabine und Frank Kebekus, Sabrina und Alec Wang, Sandra Schuband, Sergie Corredato, Steffen Kopka, Susanne Gombert + Team, Suzana und Adalberto Bueno Netto, Thomas Anstots, Thomas Diederichs, Thomas Wolf, Timo Hess, Ulrich Schwaneberg, Vanessa Blanka Graff, Vivian Coser, Walter Smerling, Werner Küsters, Wolfgang Koch

VITA Thomas Schönauer

1953	geboren in Düsseldorf
1974-1978	Studium der Germanistik, Romanistik und Philosophie, Heinrich-Heine-Universität Düsseldorf
1975-1978	Assistent im Bildhaueratelier Friedrich Werthmann, Düsseldorf
1977	Studienaufenthalt am Manitoba-Institute of Design, Winnipeg, Kanada
ab 1979	Bildhaueratelier in Düsseldorf und Macacos/Brasilien
1979	Experimente mit Kupferassemblagen
1980	Raumverspannungen mit Seilen und Elastikbändern
1982	Serie Kommunikation, Baumstämme in Stahlstab-Strukturen
1985	Metaphysische Skulpturen, elementare Geometrie und Metaphysik
1988	Klangskulpturen I, Geometrie und in Klang transformierte Astronomie
1990	Multimedia-Environments zum Themenbereich Ökologie
1993	Klangskulpturen II, amorphe Metallkörper und Vokalintonationen mit Peter Kowald
1995	Der materielle und der immaterielle Raum, mehrteilige skulpturale Ensembles
2001	Dynamik – Equilibrum, farbige Stahlarbeiten zum Thema Schwingung – Masse – Gleichgewicht
2004	Space paintings on steel, Epoxy und Acryl als Malmaterial auf Edelstahlblech
2007	Skydrops-Skulpturen, die »vom Himmel fallen« Großformatige farbig bemalte Stahlskulpturen in einer »von oben nach unten«-Dynamik
2008	Atompops – polierte Edelstahlkugeln, zeit- und raumbildend CT Paintings – Makrosichten als Landscapes, Mikrosichten als Reise durch Körperhaftes
2011	CT-Universe, Gestaltungsbeirat Uniklinikum Düsseldorf (mit Volker Weuthen, HPP und Prof. Dr. Klaus Eick)
2012	Außerordentliches Mitglied BDA (Bund Deutscher Architekten)
2013	The Flying Cubes, Kooperation mit Henkel AG unter Verwendung von Henkel Klebstoffen
2015	Kuratoriumsmitglied »Deutsche Rheumastiftung« Skulpturenserie: »Chaos and Order«
2017	»Cultivators« – Edelstahl- und Cortenstahlskulpturen ohne Farbe
2018	Preisträger 1. Schweizer Skulpturenpreis 2018 Kooperation mit ITA/RWTH Aachen, Prof. Dr. Gries, zur Entwicklung von Textilfaser bewehrten Betonskulpturen – »Contextures«
2020	Entwicklung der Skulptur »Einheitsmerkmal« zum 30. Jahrestag der Deutschen Wiedervereinigung
2022	Leitung Forschungssemester mit Prof. Christa Reicher/RWTH Aachen »Tech-/Culture-Camp« RWTH Aachen
2023	Entwicklung der »Glass-Cultivator« mit Robert Comploj